PRINCIPES
D'ÉTYMOLOGIE NATURELLE

BASÉS

SUR LES ORIGINES DES LANGUES

SÉMITICO-SANSCRITES

PAR

H. J. F. PARRAT,

ANCIEN PROFESSEUR.

ודבר בעתו מה טוב : *Prov.* xv, 23.
et sermo opportunus est optimus.

PARIS
IMPRIMERIE ORIENTALE DE Mme Ve DONDEY-DUPRÉ,
RUE SAINT-LOUIS, 46, AU MARAIS.

1851

CET OUVRAGE SE TROUVE:

Chez CREVOT, rue Moncey, 5, à Besançon.

MICHEL, imprimeur et lithographe, à Porrentruy,

Et chez l'AUTEUR, à Porrentruy, canton de Berne, en Suisse.

NOTICE PRÉLIMINAIRE.

Pendant les vingt dernières années il a paru en France et en Allemagne un grand nombre d'ouvrages étymologiques et philologiques. On a longuement et savamment discuté sur la constitution des langues, sur leur filiation, sur les relations, les analogies qui existent entre elles, et surtout sur la comparaison des grammaires. On a divisé les éléments du langage, ou pour parler plus juste, les mots en général, en familles, en tribus, en genres, absolument de la même manière que l'on établit un système en histoire naturelle. En voulant réduire ainsi en système l'économie des langues, a-t-on réussi ? Je suis loin de le croire ; et, captivé d'abord par ces élucubrations ingénieuses, mais peu naturelles, j'ai eu, par une étude plus approfondie, le temps de revenir de mon erreur.

Je me garderais bien de vouloir m'ériger en critique, je ne fais que rendre compte de mes impressions, et je ne puis m'empêcher de déclarer que la plupart des étymologies actuelles ne m'ont pas convaincu, malgré le talent de persuasion que l'on rencontre dans les ouvrages qui en traitent.

Quelle est donc la cause de la nullité des systèmes étymologiques qui ont paru jusqu'à présent ? Pourquoi ne peuvent-ils justifier l'opinion que l'on s'en est formée d'abord ? C'est parce que leurs auteurs, au lieu de se baser sur l'observation et de remonter aux premiers éléments des langues les plus anciennes, se sont bornés, les uns à comparer deux mots de langues différentes plus ou moins analogues par le sens et par le son, en compulsant force dictionnaires ; les autres, trouvant ce travail encore trop pénible, se sont contentés d'établir *à priori* que tel son devait représenter telle idée, hypothèse effectivement vraie ; mais ils se sont trompés en prenant dans leur imagination ce qui devait être puisé dans la nature même du langage par une analyse poussée jusqu'aux éléments les plus simples, c'est ce que j'ai tenté, *arduum opus.*

Ce n'était naturellement pas dans les langues modernes qu'il fallait rechercher ces éléments. Ils y sont tellement masqués, tellement changés et dénaturés, qu'il est quelquefois très-difficile de les y reconnaître. Aussi, dans la comparaison que l'on a faite des langues, dans ces derniers temps surtout, a-t-on toujours pris pour base les langues indiennes, et particulièrement le *sanscrit.* Le sanscrit riche et cultivé est la langue la plus propre à donner l'étymologie de tous les idiomes européens. Elle en renferme toutes les racines, ce qui a été démontré en partie par la comparaison du sanscrit avec les langues celtique, grecque, latine et germaniques. Mais les analogies que l'on a données de ces différentes langues sont loin d'être complètes. On a présenté simplement celles qui s'offraient d'elles-mêmes, sans s'embarrasser du complément souvent autant ou même beaucoup plus considérable que l'ouvrage, dont le défaut capital est toujours d'avoir considéré les racines des langues isolément et sans rapport entre elles. Pour un travail de ce genre, il faut non-seulement de la science, mais de la patience, de la persévérance, des recherches minutieuses, une observation constante, des rapprochements généraux et rien d'isolé. Il ne faut pas abuser, comme on l'a fait trop souvent, des règles étymologiques admises, tant dans la suppression des lettres que dans leur permutation.

Ce qui, à mon avis, doit avoir retardé de beaucoup la science philologique qui, après la découverte du sanscrit, eût pu faire des progrès plus rapides, c'est parce que l'on a considéré cette langue comme mère, tandis qu'il fallait l'envisager comme fille. Elle est d'abord fille des idiomes *pracrits;* mais elle a mieux soigné sa toilette que sa mère. La merveilleuse invention des prépositions mobiles et séparables l'a rendue millionnaire. Le nombre de ses mots est devenu incalculable par sa faculté presque illimitée de composition.

Mais avant le *pracrit* il existait une langue qui, comme le *zend*, s'écrit à l'inverse du sanscrit et des langues européennes de la droite à la gauche. Cette langue, dont on ne parle que par occasion, et dont on n'a pas comparé cent mots avec le sanscrit, ne pourrait-elle pas être la mère pauvre et très-simplement vêtue d'une fille somptueusement parée, d'une fille beaucoup plus élégante et plus riche? Je n'hésite pas à le penser, et cette langue est celle de Moïse, la langue sémitique, qui comprend particulièrement les dialectes hébreu, chaldéen, syriaque et arabe. De ces quatre dialectes, c'est la langue d'Abraham, le chaldéen, qui fait la transition du sémitique aux langues indiennes. Toutes les lettres doubles et composées en sanscrit se retrouvent dans les deux premières radicales du chaldéen réunies par un *scheva* voyelle, aussi brève et aussi insensible qu'un *e* muet: j'en parlerai ailleurs.

D'abord les caractères *dêvanâgarîs* sont tracés de manière à indiquer une écriture de droite à gauche. Les 3/5mes de ces caractères exigent un jambage perpendiculaire à droite, qui doit être tracé avant de terminer la lettre. Je donnerais le défi au plus fin calligraphe de dire le contraire, s'il veut être sincère. Ajoutons le trait horizontal supérieur, très-bien inventé pour la régularité des lignes écrites de droite à gauche, et qui obvie à l'inconvénient des lignes obliques que l'on voit souvent dans les manuscrits arabes, parce que cette dernière langue est privée dans son écriture de ce mode de régularité. Cette ligne horizontale montre assez que la lettre se commençait par le haut, et de gauche à droite absolument comme en hébreu. L'écriture cursive des Israélites contemporains rappelle aussi les caractères du *zend*, et l'*huzvâresch* s'écrit encore en caractères chaldéens de droite à gauche.

Quand le *dêvanâgarî* a-t-il changé sa marche? je l'ignore; mais le *zend* l'a conservée jusqu'à nos jours. Je donnerai de plus grands détails sur la nature des caractères sanscrits, sur leur composition, leur forme et leur valeur dans un autre ouvrage; je n'ai dit ce qui précède qu'en passant, et l'on comprend bien que je n'ai nulle envie d'appuyer mon opinion relativement aux analogies sémitico-sanscrites uniquement sur la forme du caractère ou sur la direction de l'écriture de ces deux langues. J'ai découvert dans leurs éléments phonétiques des bases d'identité fondamentale beaucoup plus certaines, et pour ainsi dire irrécusables, qui auront le mérite de la nouveauté, parce que jusqu'à présent personne n'a présenté de MONOGRAPHIE HÉBRÉO-SANSCRITE et j'en possède une manuscrite où chaque racine sémitique est accompagnée de son équivalente en sanscrit.

C'est de cette monographie, que j'ai tiré l'analyse du premier chapitre de la Genèse que je présente ici comme essai. Il est nécessaire de donner dans cette notice connaissance de ma *transcription naturelle* des caractères sanscrits. Comme elle ne renferme aucun hiéroglyphe, contrairement à l'usage, elle n'exige aucune étude de lecture, et peut être imprimée dans toute imprimerie qui possède des caractères latins de deux grandeurs différentes. Je donnerai ailleurs les raisons générales et particulières de cette transcription avec des observations particulières sur chaque lettre.

TRANSCRIPTION SANSCRITE NATURELLE.

VOYELLES.	अ *a*	आ *â*	इ *i*	ई *î*	
	उ *u*	ऊ *û*	ऋ *ari*	ॠ *arî*	
	»	»	ऌ *lari*	ॡ *larî*	
DIPHTHONGUES.	ए *ê*	ऐ *âi*	ओ *ô*	औ *âu*	

CONSONNES.

GUTTURALES.	क *k*	ख *kh*	ग *g*	घ *gh*	ङ *ng*
PALATALES.	च *tch*	छ *tchh*	ज *dj*	झ *djh*	ञ *nj*
LINGUALES ou CÉRÉBRALES.	ट *tt*	ठ *tth*	ड *dd*	ढ *ddh*	ण *nh*
DENTALES.	त *t*	थ *th*	द *d*	ध *dh*	न *n*
LABIALES.	प *p*	फ *ph*	ब *b*	भ *bh*	म *m*
SEMI-VOYELLES ou LIQUIDES.	य *y*	र *r*	ल *l*	व *v*	»
SIBILANTES.	श *ch* (*sch*)	ष *sh*	स *s*	ह *h*	»

L'alphabet sanscrit peut se réduire à seize lettres simples. Ce sont les seize lettres cadméennes; les seize caractères runiques; les seize lettres simples de la langue hébraïque désignées dans le tableau suivant :

LETTRES ÉQUIVALENTES OU ANALOGUES.

HÉBRAÏQUES.	SANSCRITES.	CADMÉENNES.	RUNIQUES *.	HÉBRAÏQUES.	SANSCRITES.	CADMÉENNES.	RUNIQUES.
1. א *a*	*a*	α	*a*	4. ד *d*	*d*	δ	*th*
2. ב *b*	*b, p*	β	*b*	5. ה *h*	*h*	ε	*h*
3. ג *g*	*g*	γ	*u*	6. ו *u*	*u*	ο	*o*

* Je parlerai dans un autre ouvrage de l'alphabet copte, composé de lettres cadméennes et hébraïques. Les éléments de cette langue sont sémitiques. Dans l'origine les caractères hébreux étaient des hiéroglyphes-*acrophoniques*, plus simples que les égyptiens.

1°. ט *dd* 2°. ח *dj* 3°. ז *Sh*

HÉBRAÏQUES.	SANSCRITES.	CADMÉENNES.	RUNIQUES.	HÉBRAÏQUES.	SANSCRITES.	CADMÉENNES.	RUNIQUES.
7. י *i*	*i*	ι	*i*	11. נ *n*	*n*	ν	*n*
8. כ *k*	*k*	κ	*k c*	12. ס *s*	*s*	σ	*s*
9. ל *l*	*l*	λ	*l*	13. ע *y*	*y*	υ	*y*
10. מ *m*	*m*	μ	*m*	14. פ *p*	*v*	π	*f*

4°. צ *djh, tsh* 5°. ק *tchh, tch*

6°. ש *Ch* (français), *Sch* (allemand), *Sh* anglais.

15. ר *r*	*r*	ρ	*r*	16. ת *t*	*t*	τ	*t*

Ces seize lettres réunies ou combinées plusieurs ensemble forment toutes les modifications de l'organe vocal qui se résume par exemple en sanscrit :

En lettres.......

1. simples .. .. *t* = *t* hébreu, תּ
2. simples aspirées........ *th* = *t* + *h* ת
3. doubles... .... *tt* = *t* + *t* ט
4. doubles aspirées........ *tth* = *tt* + *h* »
5. doublées.............. *tch* = *t* + *ch* »
6. doublées aspirées....... *tchh* = *tch* + *h* ק
7. composées........... *ksh* = *k* + *sh* »

Ainsi des autres lettres.

Parmi le grand nombre de combinaisons de lettres appartenant aux diverses langues (les sanscrites, etc. étant expliquées dans les prolégomènes à l'*Homophonie des langues*, ouvrage dont je m'occupe depuis 1845 parallèlement avec la *Monographie hébréo-sanscrite*) je rapporterai succinctement celles de la langue hébraïque.

1° La lettre ט = דד est la seule lettre double de cette langue :

אט 2. lenis s. tardus incessus.	התדדה *hithp.* lente incessit.
इट्, अट *itt, att,* ire.	हिण्ड् *hidd, hinhdd* 2. ire. ड् *dd.*

2° ח = חי (gi *italien*) ח (*dja*) ज sanscrit. (Le י agglutiné au ח ferme le jambage gauche.

חי vivus, vivens.	חוה vita ; vixit.
ज *dja* natus, (in fin. comp.)	जीव् *djîv* vivere.
חיה vivus et salvus fuit.	אח focus.
जि *dji* vincere, expugnare.	एज् *édj* 2. lucere, splendere.

3° ז = ष *sh*	4° צ = क *djh.*
עוז fugere.	צעה incessit, vagatus est.
इष् *îsh* 1. ire, abire, fugere.	कु *djhu* ire.

5° ק = छ *tchh.*

עוק *syr.* et *chald.* premi, coarctari.

उछ् *utchh* 3. ligare.

6° ש = श *Ch.*

שבע 2. juravit.

शप् *chap* 3. jurare.

Toutes ces lettres étant décrites dans l'ouvrage cité plus haut, ainsi que leurs nombreuses permutations normales, je dépasserais le but de cette notice si je m'étendais davantage sur cette matière. On trouvera aussi dans le même ouvrage l'origine sémitique des prépositions (affixes) sanscrites, et une dissertation sur la valeur de la forme hébraïque *Piel*, dont personne n'a parlé jusqu'ici. C'est la base du verbe hébreu; il se décompose en deux autres verbes dont le sens est bien déterminé et dont la signification est analogue au mot composé ou simplement intensive, il se décompose ainsi jusqu'à sa plus simple expression, c'est-à-dire : jusqu'à ses ÉLÉMENTS RADICAUX, qui sont :

1° Modulation (voyelle ou diphthongue).
2° Modulation articulée (voyelle et consonne).
3° Articulation modulée (consonne et voyelle) *.

C'est à ces trois bases que toute racine composée doit être ramenée, et l'on verra plus tard (dans *l'Homophonie*) que chaque expression simple de l'organe vocal, chaque lettre a une ou plusieurs significations, suivant sa position ou son accompagnement, et cela dans toutes les langues, même dans les langues idéographiques.

Si dans l'origine les auteurs des dictionnaires hébreux avaient disposé leurs racines dans l'ordre alphabétique des *éléments radicaux* au lieu d'en faire une série de *parfaits* (*trilitres*), racines factices dérivées des *Piel* composés et surcomposés, et même souvent des autres formes hébraïques, on aurait vu clairement que, comme il n'existe qu'un seul organe vocal, il n'existe de même qu'une seule langue, modifiée de plus de deux mille manières par des grammaires différentes. Il est possible de porter remède au mal et je m'y suis dévoué depuis 1845 pour autant de temps que la Providence m'en accordera :

Me hâtant lentement et sans perdre courage,
Vingt fois sur le métier remettant mon ouvrage.

Paris, le 26 juin 1851.

PARRAT.

* Les tons simples de la langue chinoise sont éléments radicaux; ce que je prouverai plus tard.

ORIGINE SÉMITIQUE ?

DES LANGUES INDO-EUROPÉENNES,

PROUVÉE PAR

L'ANALYSE DU PREMIER CHAPITRE DE LA GENÈSE,

PRÉSENTÉE EN TABLEAU SYNOPTIQUE DES ANALOGIES HÉBRÉO-SANSCRITES *.

GENESIS, CAPUT PRIMUM.

	Vers. 1.		
1	בראשית **In principio**		
	In, ad, super.	ב	अभि *abhi*, ad, versus.
			अपि *api* = *pi*, super.
	caput, initium (origo)	ראש	ऋछ् *aritchh*, ire, adire.
2	ברא **creavit**	(paravit) ברא	पृ *pari*, operam dare, occupatum esse.
	creavit, formavit		पृ *pari* implere, complere.
3	אלהים **Deus** (אלוה)		
	3. Excellentia, Deus,	אל, איל	अल् *al* 1. ornare, *alam* ornamentum, etc.
	1. facultas.		2. sufficere, valere.
	2. fortitudo.		3. arcere, prohibere.
	3. *arab.* animo propenso fuit,	אוה	अव् *av* 3. amare. 1. juvare, tueri, servare.
	chald. terruit,	אים	अम् *am* 2. colere, honorare. *caus.*
	(almus)		= *rôgê* metuere, timere.
4	את (nota accusativi)		» »
5	השמים **Cœlum**		
	pronomen demonstrativum	ה	अ *a* stirps demonstrativa.
	cœli, cœlum,	שמים	

*

א	ב	ג	ד	ה	ו	ז	ח	ט	י	כ	ל	מ	נ	ס	ע	פ	צ	ק	ר	ש	ת
a,	*b,*	*g,*	*d,*	*h,*	*u,*	*sh,*	*dj,*	*dd,*	*i,*	*k,*	*l,*	*m,*	*n,*	*s,*	*y,*	*v,*	*tsh,* *djh,*	*tch,* *tchh.*	*r,*	*ch,*	*t.*

Stupor שממה	सम्मोह् *sammôha* conturbatio animi (*muh*)
stupuit, admiratus est, שמם	शम् *cham* 3. videre, conspicere.
hiph. השמים, השם *causat.* stupefecit.	*caus.* aspicere, ostendere.
arab. altus fuit, שמה	सम् *sam* (*sa*), *mah*, (*su* 3 valde.)
arab. 1. se extendit, מעה	मह् *mah*, 1. crescere, augeri, 2. lucere.
(Σχῆμα, κόσμος,)	(*sam, cham.*)
(שומ + יאה) cœli, שמיא *chald.*	समम् *samam*, 2. unà, simul. *î*, ire.
6 ואת et	
et, ו	वा *vâ* 2. sicut.
את	(4)
7 הארץ: terram.	
ה	(5)
arab. (dh) humilis, depressus fuit. ארץ	अर्थ *artha* 1. res, materia.
chald. terra infra; inferius. ארעא	इरा *irâ* 4. terra.
Vers 2.	
8 והארץ terra autem	
ו	वै (6) *vâi* 1. vero, nempe, quidem. (22)
ה	(5)
ארץ	(7)
9 היתה erat	आसीत् *âsît* erat. *asti*, est.
fuit היה	आ + ई (*as*, esse.) (24) *â+î* obtinere.
10 תהו inanis	
arab. vacuus fuit. תהה	तुह् *tuh* vexare.
chald. vastus, desertus fuit. תהא	
desertus (creaturis) תהוא, תהיא	तोय *tôya* aqua. (15) *
indigestus, inordinatus תהו	*tuh* ut supra. *tuhina* pruina, nix, gelu.
11 ובהו et vacua,	
ו	(6) (15)
vastitas (amplitudo), בהו	मही *mahî* terra.
arab. vacuus, vastus fuit. בהה	बंह् *bah* crescere, augeri.
	mah crescere, augeri.
	बहु *bahu* multus — multum.

* Materia erat aqua (pura, sine animalibus) et terra (massa prægrandis); *inanis et immanis. Rudis indigestaque moles.* (Ovid.)

תהו ובהו	*tôya-mahî. tôya-bahu.*
	तेम *têma* humor, mador, vapor. (15).
	तिम् *tim* humidum, madidum esse, madefieri.
LXX. ἀόρατος, invisibilis, (aquâ tectâ.)	ऐरावत *aîrâvata* aquam habens, mare, nubes. (nubilosa, nebulosa.)
12 וחשך et tenebræ (erant)	
ו	(6)
Miseria, pernicies, חשך	शुच् *chutch* 1. dolere, mœrere, lugere. 2. lucere.
caligo, tenebræ. (חשה + שכה)	अप- (*a* priv.) *apa* + *chutch* exstingui. (*chas* + *sûtch*)
13 על super	
ascendit, sursum tetendit עלה	इल् *il* 3. ire (*ut* sursum) + *il*. (77)
super; ad; in; de, על	1. dormire, jacere.
14 פני faciem	
vertit, se vertit, abiit פנה	फण् *phanh* ire, se movere, ambulare.
Rota; volvit. אפן	(agitatio, rotatio).
superficies, פנה	पुण् *pûnh* coacervare (eminere). *punh*
15 תהום abyssi :	
תהו (10)	तोय *tôya*, aqua. (11) *tim*, *têma*.
turbavit, הום, הם.	हिम *hima*, nix, hiems, (hiemat mare. *Hor.*)
Strepuit, tumultuose agitatus est. המה	हम्म् *hamm*, ire. (21) *am* 3. Sonare (293)
vehementer agitavit. הממ	मीम् *mîm* 1. ire, 2. Sonare.
aquæ מים	मी (21) (*mî*) + *mî* 4. ire, meare.
16 ורוח et spiritus	
ו	(6)
aura, ventus, רוח	राश् *râch* Sonare.
17 אלהים Dei	(3)
18 מרחפת ferebatur (מהה) מ־	मा *mâ* 4. transmeare. *mî* 4. ire, meare.
huc illuc motus est, vacillavit, רחף	केप् *kêp* (*kêpari*) 1. ire, se movere. 2 vacillare, tremere.
intensivum, ר־	ऋ *ari* (+ *kêp*)
defricuit, abrasit, detersit. חפף	चीव् *tchîv* (*tchîvari*) 1. Sumere, capere; 2. Tegere.
texit, חפף	कुब् *kub*, *kumb*, *kumbh*, *kump*. 1 Tegere, operire, 2. sternere.

19 על super		(13)
20 פני		(14)
21 המים: aquas.		
	ה	(5)
Arab. Aqua.	מי	मी *mî* 4. ire, meare.
1. Aquæ.	מים	. . . . (*mî* + *mî*)
2. Periculum, infortunium		2. delere, 3. perire.
(15) המה, המם		मीम *mîm* 1. ire, 2. sonare.
		(*mî*) + *mâ* 5. sonare.
Vers. 3.		अम्मय *ammaya* aquosus.
22 ויאמר Dixitque		
conversivum;	ו	वै *vâi* 2. sane, vere, certe. (8) (6)
2. cogitavit.	אמר	आ-वृ *â* + *vari*, *vari*. eligere, desiderare, optare.
1. dixit, jussit, præcepit.		बर्ह् *barh* dicere, loqui.
		वर्ह् *varh* id.
23 אלהים Deus :		(3)
24 יהי fiat		
factus est; orta est *res*,	3 היה	हि *hi* excitare, *caus.* (9)
25 אור lux.		
Lux, lucere,	אור	वृंह् *varih* lucere. (180)
		ahar dies.
26 ויהי Et facta est		
	ו	(8) (22)
	היה	(9) (24)
27 אור: lux.		(25)
Vers. 4.		
28 וירא Et vidit	ו	(22)
vidit, novit,	ראה	ऋ *ari*, (*ari*) 5. adipisci (mente).
29 אלהים Deus		(3)
30 את		(4)
31 האור lucem		
	ה	(5)
	אור	(25)
32 כי quòd (esset)		
quia, quod; certe, profecto.	כי	कि *ki* 1. Scire, noscere.

33 טוב bona :		
bonus, pulcher, hilaris fuit.	טוב	दिव् *div* 4. Splendere. 5. laudare. 6. gaudere.
34 ויבדל et divisit		
	ו	(8)
hiph. הבדיל,	בדל	दल् *dal* findi. *Caus.* findere.
separavit, disjunxit.		वि-दल् *vi* + *dal* findi, diffindi. *caus.* diffindere.
35 אלהים		(3)
36 בין		(38)
5. inter ; medium, intervallum.	בין	अभि-नी *abhi* ad, versus. *abhi* + *nî* adducere.
		वि-नी (*ni* deorsum, sub, de). *vi* + *nî* abducere, amovere.
37 האור lucem		(5) (25)
38 ובין à		अप, अव *apa, ava,* ab, de.
	ו	(6)
(pro מן e, ex, de)	מין	अप-नी *apa* + *nî*, deducere,
(36)		अव-नी *ava* + *nî* abducere, removere.
39 החשך : tenebris :		(5) (12)
Vers. 5.		
40 ויקרא Appellavitque		
	ו	(8) (22)
nominavit ; designavit.	קרא	गॄ *gari* 3. sonum edere.
		कॄ 4. dignoscere, noscere = *kari*
		उत-गॄ *ut* + *gari* effari, enuntiare.
41 אלהים		(3)
42 לאור lucem		
Nota genitivi et dativi	ל-	
1. adhæsit, adjunctus est	לוה	ली *lî* 2. adhærere, inhærere. 3. obtinere, sibi adjungere.
	אור	(25)
43 יום Diem,		
dies,	יום	याम *yâma* vigilia.
		यम् *yam* 6. præparare, acquirere, etc , etc.
44 ולחשך et tenebras		
	ו	(8)
	ל	(42)
	חשך	(12)

45 קרא	(40)
46 לילה Noctem :	
nox (*chald.* ליליא) ליל לילה	लल् *lal caus.* exhilarare, gaudio afficere.
chald. occidit sol, עלל	लय् *lay* ire.
ingressus est.	लय *laya* domus, habitatio.
Tentorium, domus, אהל	आलय *âlaya* domicilium, domus, sedes.
habitatio *quælibet* (thalamus?)	इल् *il* jacere, cubare, dormire.
splenduit, הלל + non אל = לא luxit.	उल् { 3. arcere, prohibere *ul, ulkâ,* meteoron ignitum.
hiph. יעל, הועיל profuit, juvit, utilitati fuit.	अल् *al* 2. sufficere, valere.
laboravit, viribus defecit, לאה etc., etc.	आ-ली *â + lî* tabescere, animo linqui. etc., etc.
47 ויהי factumque est	(8) (24) (9)
48 ערב vespere	
5. occidit (sol), vesperavit. ערב	अर्ब् *arb* ire. (occidere, *cadere*).
1. miscuit; permutavit.	आ-रम् *ram, â + ram* delectari; desinere; quiescere.
49 ויהי et	(8) (24) (9)
50 בקר manè,	
Lux oriens; mane, בקר	विच् *vitch* (*vitchir*) separare, secernere.
aperuit (oculos) פקח	विछ् *vitchh* 2. lucere.
hiph. קרה, הקרה	चर् *tchar caus.* facere (lucere) jubet.
obvenire fecit.	वि-चर् *vi + tchar caus.* ambulare jubet. (*vid. Append.* B.)
51 יום dies	(43)
52 אחד : unus.	
unus, una, אחד, אחת	एक *êka* unus;
	एकतस् *êkatas* unicè.

Vers. 6.

53 ויאמר Dixit quoque	(22)
54 אלהים Deus :	(3)
55 יהי fiat	(24)
56 רקיע firmamentum	
hiph. vacuum reddidit, רוק, הריק	रिच् *ritch* vacuefacere = *â + ritch*.
hiph. expandit (cœlum), רקע	*Caus.* disjungere.

57 בתוך in medio

ב	(1)
1. medium, 2. violentia, vexatio, 3. Dolus, fraus. תוך	तक् *tak* (*tangk*) 3. ire. .... 1. ferre, perferre, sustinere. .... 2. ridere.
arab. habitavit, תוה	तु *tu*, 5. versari.
chald. venit, אתה	अत् *at*, continuo ire.
chald. ire, abire. הוך	अक् *ak* ire.
	उख् *ukh* ire.

58 המים aquarum : (21)

59 ויהי et (8) (9)

60 מבדיל dividat

מבדיל	मा (34) *mâ* 7. part. prohibitiva.
ex, ab, de, מ־ = מן	*vi* longe.

61 בין .... (38)

62 מים aquas (21)

63 למים : ab aquis.

de, inter, ל־, אל	अल् *al* 3. arcere, prohibere.
מים	(21)

Vers. 7.

64 ויעש Et fecit (22) (8)

fecit, paravit, labore produxit. עשה	इष् *ish* 3. ducere, educere.
	अस् *as* 5. esse causam, auctorem *alicujus rei.*

65 אלהים Deus (3)

66 את .... (4)

67 הרקיע firmamentum, (5) (56)

68 ויבדל divisitque (22) (8) (34)

69 בין .... (36) (38)

70 המים aquas (21)

71 אשר quæ (erant)

qui, quæ, quod, אשר, ש־ (איש)	यस् *yas, yâ, yat,* qui, quæ, quod.

72 מתחת sub

Ex, ab, de מ־, מן	मि *mi* dejicere, prosternere (*mî*)
Infra; *chald.* sub. תחת	चुद् *tchuti*, parvum, humilem esse (*tchhad*)
1. descendit, נחת	नि *ni* deorsum, sub, de + (*djudd*) ire.

73 לרקיע firmamento,		(42) (56)
74 ובין ab		(38)
75 המים his *aquis*		(21)
76 אשר quæ (erant)		(71)
77 מעל super		(72)
arab. 1. se extendit,	מעה	मंह् *mah* (*mangh*) crescere, augeri.
summus ; super	על	श्रालण्ड् (*ôl*); *ôlanda* in altum tollere.
ascendit, sursum tetendit, elatus est.	עלה	(उत) इल् (*ut* sursum) *il* ire
78 לרקיע firmamentum.		(63) (56)
79 ויהי Et factum est		(8) (9) (22)
80 כן : ita.		
chald. sic, ita.	כן	
2. *Pi* fundavit, condidit, creavit, paravit.	כון	जन् *djan* fieri, esse. *Caus.* producere, efficere.

Vers. 8.

81 ויקרא Vocavitque		(22)
82 אלהים Deus		(3)
83 לרקיע firmamentum,		
ad, juxta, propter	ל- אל	(42)
	רקיע	(56)
84 שמים Cœlum :		(5)
85 ויהי et factum est		(8) (24)
86 ערב vespere		(48)
87 ויהי et		(8) (24)
88 בקר manè		(50)
89 יום dies		(43)
90 שני : secundus.		
Dens; ebur,	שן	चुण् *tchunh* findere, scindere.
Dentes elephanti, (duarum numero).	שנים, שני	शान् *chân* acuere.
iteravit, (תנא *chald.*)	שנה	चण् *tchanh* 4. ire, (pedibus duobus) 3. abscindere.

Vers. 9.	
91 ויאמר Dixit vero	(22)
92 אלהים Deus :	(3)
93 יקוו congregentur.	
5. *Niph.* se congregare, confluere. קוה	चि *tchi* (*tchinj*) colligere, accumulare. *Caus.*
94 המים aquæ,	(21)
95 מתחת (quæ) sub	(72)
96 השמים cœlo sunt,	(5)
97 אל in	
ad, versus, in, אל, ל־	इल् *il* ire. *Caus.* mittere.
98 מקום locum	
2. prodire, exoriri, 3. stare, manere. קום	गम् *gam* 2. adire, advenire. 5. esse, degere.
Locus. מקום	अमा *amâ* cum.
	अमा॑ *samâ-gam* convenire.
99 אחר unum :	(52)
100 ותראה et appareat	(28)
ו	(8)
hæc, illa (hoc illud) (זה) זאת, תד־ דא *chald.*	त (तत्) *ta* (*tat*) is, hic, ille, (*tu* 1. crescere. 2. ire. 4. eligere.
Niph.-Inf. apparere, conspiciendum se præbere. הראה	आ॑ऋ *â* + *ari*, (*ari*) inire ; ferre, offerre.
101 היבשה arida.	
exaruit, aridus fuit, יבש	मुज् *mudj*, *munjdj*, 2. abstergere. 3. siccare.
102 ויהי Et factum est	(24) (9)
103 כן׃ ita.	(80)
Vers. 10.	
104 ויקרא Et vocavit	(22) (40)
105 אלהים Deus	(3)
106 ליבשה aridam,	(42) (101)
107 ארץ Terram,	(7)

108 ולמקוה congregationesque (*aquarum*)	
ל	(42)
מ ,מים ,מי	(21)
קוה	(93)
109 המים aquarum	(21)
110 קרא appellavit	(40)
111 ימים Maria.	
Mare ים	
1. removit, יעה	यु *yu* (b) arcere avertere. (15) (21)
2. *arab.* collegit, (מים)	(21) (a) colligere conjungere, *yam* coercere.
112 וירא Et vidit	(28)
113 אלהים Deus	(3)
114 כי quòd (esset)	(32)
115 טוב: bonum.	(33)

Vers. 11.

116 ויאמר Et ait:	(22)
117 אלהים (Deus)	(3)
118 תדשא germinet	
ת־	(100)
2. gramine viruit, germinavit. דשא	(120)
1. Prima terræ gramina, herba tenella, דשא	तुष *tusha* folliculus, gluma *oryzæ*.
Chald. gramen דתא	थुड् *thudd* operire tegere = *tchudd*
	स्फुण्ड् = *sphunhdd*, 1. efflorescere, germinare. (*Vid. Append*, c.)
119 הארץ terra	(7)
120 דשא herbam	(118)
121 עשב virentem	
herba (sativa) עשב (עשה+אב)	आजीव *âdjîva*, victus. (*adj* + *iv*)
122 מזריע (et) facientem	
מ־	मा *mâ* 2. dare, largiri, 6. formare.
Semen, hiph. semen gignere. זרע	रुह् *sam* + *ruh* prodire, crescere (415)
	स, सम *sa, sam* cum.

123 ורע semen,	(122) (415)
124 עץ (et) lignum	
Arbor, lignum, עץ	आञ्छ *âtchh* (*ânjtchh*) extendere, longiorem facere.
arab. durus, firmus fuit, עצה	ओज *ôdj*, 2. vigere.
125 פרי pomiferum	
fructifer, fœcundus fuit, פרה	भृ *bhari* 1. ferre; 2. habere; 3. sustentare.
126 עשה faciens	(64)
127 פרי fructum	भृ *bhari*, 3. sustentare, nutrire.
128 למינו juxta genus suum,	
ל	(83) (131)
arab. speciem præ se tulit, מון ,מין	मुण् *munh* promittere, polliceri.
129 אשר cujus	(71)
130 זרעו semen	(122) (131)
131 בו in semetipso (sit)	
ב	(1)
Ille, ו = הוא	अयम् *a* + *yam*, hic, is. (5)
illa, היא	इयम् *i* + *yam*, hæc, ea.
132 על super	(13)
133 הארץ terram.	(7)
134 ויהי Et factum est	(22) (24)
135 כן׃ ita	(80)
Vers. 12.	
136 ותוצא Et protulit	
ו ,תּ-	(8) (100)
3. ortus est (sol) יצא	अञ्ज् *adj*, *anjdj* 2. splendere, 3. manifestare.
4. emersit (flos, germen)	अज् 4. ire, se movere. (*îdj*.)
hiph. eduxit produxit, (fecit, creavit). הוציא	वि-अज् *vi* + *adj* *caus.* manifestare; creare.
137 הארץ terra	(7)
138 דשא herbam	(118)
139 עשב virentem,	(121)
140 מזריע (et) facientem	(122)

141 זרע semen	(122)
142 למינהו juxta genus suum,	(128)
143 ועץ lignumque	(124)
144 עשה faciens	(64)
145 פרי fructum,	(127)
146 אשר (et habens)	(71)
147 זרעו unum quodque sementem	(122)
148 בו	(131)
149 למינהו secundùm speciem suam.	(128)
150 וירא Et vidit	(28)
151 אלהים Deus	(3)
152 כי quòd (esset)	(32)
153 טוב: bonum.	(33)

Vers. 13.

154 ויהי Et factum est	(22) (9)
155 ערב vespere	(48)
156 ויהי et	(22) (9)
157 בקר manè,	(50)
158 יום dies	(43)
159 שלישי: tertius.	
tres (*chald.* תלת) שלש	(90)
ל *in* ר *mutato* תרת	त्रितय *tritaya* trium numerus.
(vide (90) תנא pro שנה)	त्रि *tri* tres
chald. duo, תרי־,תרין	द्वि *dvi* duo, (*v* pro *r*)
hiph. adduxit, attulit, obvenire fecit אתה	ताय् *tây* extendi, augeri.
2 + 1 =	3.

Vers. 14.

160 ויאמר Dixit autem	(22)
161 אלהים Deus :	(3)

162 יהי fiant	(24)
163 מארת luminaria	
Lux, lumen, sidus. מ־, מאור	मा *mâ* 2. dare, largiri. 4. transmeare.
אור	(25)
164 ברקיע in firmamento	(1) (56)
165 השמים cœli,	(5)
166 להבדיל (et) dividant	(83) (34)
167 בין	(36) (38)
168 היום diem	(5) (43)
169 ובין ac	(6) (36) (38)
170 הלילה noctem,	(5) (46)
171 והיו et sint	(8) (9) (131)
172 לאתת in signa ל	(83)
signum, nota, vexillum. אות	उदन्त *udanta* nuntius, notitia, cognitio.
	उत् *ut* sursum.
	अत् *at* 1. continuo ire, ire solere.
	अन्त् *ant, at,* ligare, vincire.
173 ולמועדים et tempora,	
ו	(6)
ל־, מ־	मा (83) *mâ* 1. metiri, metari. 6. formare.
tempus, מועד	
indixit, constituit certumtempus. יעד	यदा *yadâ* *adv.* quando, quo tempore.
174 ולימים et dies.	(6) (83) (43)
175 ושנים: et annos :	(6)
mutatus est, annus. שנה	शोण् *chônh* *caus.* 2. ire, se movere. (90)
arab. luxit, splenduit.	1. rubescere, rubere.
color coccineus, שני	शोणा *chônha* coccineus.

Vers. 15.

176 והיו Ut	(8) (9)
177 למאורת luceant	(83) (163)
178 ברקיע in firmamento	(1) (56)

179 השמים cœli,	(5)
180 להאיר (et) illuminent	
ל	(83)
hiph. lucere fecit, illustravit. האיר	वृंह् *Varih* lucere. *caus.* (25)
181 על	(13)
182 הארץ terram.	(7)
183 ויהי Et factum est	(22) (9)
184 כן׃ ita	(80)

Vers. 16.

185 ויעש fecitque	(22) (64)
186 אלהים Deus	(3)
187 את	(4)
188 שני duo	(90)
189 המארת luminaria	(5) (163)
190 הגדלים magna :	
3. magnus, potens fuit. 4. *Pi.* crescere fecit, 5. *hiph.* magnum, altum fecit, sustulit. גדל	चुल् *tchul* 2. tollere, erigere.
extulit se, crevit, גאה	जि *dji* 5. excellere, prævalere. (*tchi* cumulare.)
deorsum pependit, דלה	तुल *tul* 1. tollere, sublevare. 2. pendere. डुल् *dul* 1. tollere, vibrare.
191 את	(4)
192 המאור luminare	(5) (163)
193 הגדל majus,	(5) (190)
194 לממשלת ut præesset	
ל	(83)
Dominatio, ממשלה	
dominatus est, assimilavit. משל	
fundamentum, mensura (אממה) אמה	मा माह् *mâ, mâh* metiri, mensurare.
tranquille usus est, שלה	शील् *chîl* 7. occupari experiri. 8. tenere, possidere.

195 **היום diei :**		(5) (43)
196 **ואת et**		(6) (4)
197 **המאור luminare**		(5) (163)
198 **הקטן minus,**		(5)
parvus, minor fuit, vilis fuit.	קטן	चूण् *tchûnh*, corrugare, contrahere. *Caus.*
obtusus factus est	קהה	चह् *tchah* 3. conterere.
argilla, lutum, (עטן *arab.*)	טין	तूण् *tûnh* corrugari, contrahi. (*a* priv. *tan*)
complicuit, torsit,	טוה	तुह् *tuh* vexare. (*tu* + *ônh* vel *ûn*)
1. oppressit.	ינה	ऊन् *ûn* minuere, deminuere.
2. *hiph.* ejicere de possessione	הונה	ओण् *ônh* 1. auferre, furari. 2. abducere.
fæces, lutum, cœnum,	יון	ऊन *ûna* 1. deminutus. *ônh* 2. abducere.
199 **למשלת ut præesset**		(194)
200 **הלילה nocti :**		(5) (46)
201 **ואת et**		(6) (4)
202 **הכוכבים: stellas.**		(5)
stella,	כוכב	शुभ् (*chuchubhê*,) *chubh*, *chumbh*. शुम्भ् nitere, splendere, lucere.

Vers. 17.

203 **ויתן Et posuit**		(22)
3. posuit, constituit, collocavit.	נתן	धा *dhâ* (*dadhanj*) ponere, collocare. तन् *tan* 1. extendere, expandere. 2. producere, efficere, creare. अनु-तन् *anu* + *tan* id.
204 **אתם eas**		
	את	(4)
hi, ii,	הם	अमी *amî* hi, illi, (*nom.*)
205 **אלהים ....**		(3)
206 **ברקיע in firmamento**		(1) (56)
207 **השמים cœli,**		(5)
208 **להאיר ut lucerent**		(180)

209	על super	(13)
210	הארץ׃ terram.	(7)

Vers. 18.

211	ולמשל Et præessent	(8) (83) (194)
212	ביום diei	(1) (43)
213	ובלילה ac nocti,	(6) (46)
214	ולהבדיל et dividerent	(8) (83) (34)
215	בין	(36) (38)
216	האור lucem	(5) (25)
217	ובין ac	(6) (36) (38)
218	החשך tenebras.	(5) (12)
219	וירא Et vidit	(28)
220	אלהים Deus	(3)
221	כי quòd (esset)	(32)
222	טוב׃ bonum.	(33)

Vers. 19.

223	ויהי Et factum est	(22) (9) (24)
224	ערב vespere	(48)
225	ויהי et	(22) (9) (24)
226	בקר manè,	(50)
227	יום dies	(43)
228	רביעי׃ quartus.	

quarta pars. (ארבע quatuor)	רבע	
coivit (quadrupes, 4 pedes.)	רבע	रभ् *rabh* desiderare; temere agere. आ-रभ् *â* + *rabh* incipere, ordiri.
hiph. experiri, fecit, affecit, etc.	ראה, הראה	रा *râ* dare. आ-ऋ *â* + *ari* inire, ferre, offerre
tumefecit,	בעה	बंह् *bah* (*bangh*) crescere, augeri. (*vah*)
densus, crassus fuit,	עבה	उभ् *ubh*, 1. implere. (*ab*, *av*)

	चतुर् *tchatur* quatuor.
ire, adire, (de admissario) קוע	चय् *tchay* ire, (*chyâi*)
chald. circuit Bos, תור	त्वर् *tvar* (*tur*) festinare, properare
(Quadrupedes)	तुर्य *turya* quartus.

Vers. 20.

229 ויאמר Dixit etiam	(22)
230 אלהים Deus :	(3)
231 ישרצו Producant	
1. (Scatere) abunde copiose provenit, natus est. שרץ	सृज् (a) *saridj* 1. emittere, effundere. creare, producere, gignere.
2. reptavit; se movit.	स्रङ्ग् (b) *chrag*, (*chrangg*) ire (vacillare).
ire, שור } b.	{ श्रि *chri* ire.
angustum esse, se subtrahere. ארץ } b.	{ अग् *ag* tortuose, flexuose ire. (*aksh*).
extendit, protendit, שרע } a.	{ सृ *sari*, ire, incedere. *Caus.* extendere (*)
exiit, prodiit, ortus est. יצא } a.	{ अज् *adj*. 3. ire. 1. agere. (*îdj*)
hiph. eduxit, produxit.	
(שי + ארח = שאר)	सं·ऋ * *sam* + *ari*. *caus.* tradere, committere.
232 המים aquæ	(21)
233 שרץ reptile	(231)
234 נפש animæ	
Spiratio; vis vitalis, anima, vita. נפש *Niph.* respiravit, recreatus est.	अनु·वीज् *anu* + *vîdj* afflare, spirare.
Vires, robur; habitavit, sedit. און	अन् (अण्) *an*, (*anh*,) respirare, spirare.
hiph. ornavit, נוה, נאה	नह् *nah* 1. induere se. 2. nectere, ligare. (*nî* 1. 4.)
se diffudit, seu propagavit, פשה	विष् *vish* 1. effundere. 2. disjungere, separare. (*vidj*, *vitch*)
235 חיה viventis,	
vixit, motus est; vita. חיה, חיה	जीव् *djîv* vivere.

236 ועוף et volatile		(6)
volare, avolare, advolare, involare,	עוף	
Cumulus,	עי	ऊह् *ûh* 3. coacervare, accumulare.
cucurrit (celeriter)	יעף	इंव् *iv* (*inv*) ire.
		वी *vî* ire.
Avis, volucris,	עוף	वि *vi* avis.
237 יעופף	יעף	वेवी *vêvî* (*â*+*vêvî*) ire. (236)
238 על super		(13)
239 הארץ terram		(7)
240 על sub		(13)
241 פני		(14)
242 רקיע: firmamento		(56)
243 השמים cœli.		(5)

Vers. 21.

244 ויברא Creavitque		(22) (2)
245 אלהים Deus		(3)
246 את		(4)
247 התנינם Cete		
	ה	(5)
Cetus; serpens; draco, crocodilus. (Bellua marina)	תנין	तनु तनू *tanu*, *tanû*, corpus.
1. (notio extensionis)	תנן	तन् *tan* extendere, expandere.
248 הגדלים grandia,		(190)
249 ואת et		(6) (4)
250 כל omnem		
omnis, totus.	כל	कुल् *kul*, 1. colligere, coacervare.
251 נפש animam		(234)
252 החיה viventem		(5) (235)
253 הרמשת (atque) motabilem,		(5)
1. se movit,	רמש	मुच् (*ari*) intensivum, *mutch*, *munjtch*, ire.
2. repsit, reptavit,		मुछ् » *mutchh* negligentem, socordem esse.

traxit, extraxit (sericum) משה (משי)	मुच् *mutch* (*mutchlari*) 5. indui, induere se *â+mutch*.
trans. removere. מוש	» *mutch* 2. abjicere, dimittere, relinquere, deponere.
254 אשר quam	(71)
255 שרצו produxerant	(231)
256 המים aquæ	(21)
257 למינהם in species suas,	(128) (204)
258 ואת et	(6)
259 כל omne	(250)
260 עוף volatile	(236)
261 כוף	
1. ala, כנף	शम्ब् *chamb* 1. ire, se movere. 2. ligare, alligare.
2. *arab.* texit, operuit.	कुम्ब् *kumb*, *kumbh*, *kump*, 1. tegere, operire. (alatum esse?)
262 למינהו secundùm genus suum.	(128)
263 וירא Et vidit	(22) (28)
265 אלהים Deus	(3)
265 כי quòd (esset)	(32)
266 טוב: bonum.	(33)

Vers. 22.

267 ויברך Benedixitque	
ו	(22)
Pi. benedixit, beavit, fausta apprecatus est. ברך	प्रछ् *pratchh*, precari (bene)
creavit, produxit, formavit. ברא	पृ *pari* 1. implere, complere, 4. tutari, custodire.
hiph. texit, protexit, defendit. סכך, הסך	इछ् *itchh* 1. desiderare, optare, 3. concedere, dare.

elegit, ברה	बृ वृ *bari* = *vari* 1. eligere, 2. velle. 3. præferre.
chald. aptus, conveniens, אריך	रुच् *rutch* (*â* + *rutch*) 2. placere, 3. approbare. *caus.* acceptum ferre.
268 אתם eis,	(4) (204)
269 אלהים	(3)
270 לאמר dicens :	(83) (22)
271 פרו crescite,	
fœcundus fuit, פרה	बृंह् *varih*, *barih* 2. crescere, augeri.
hiph. fœcundavit, הפרה	*caus.* augere.
272 ורבו et multiplicamini,	(6)
multus factus est, auctus est. רבה	
6. delectatus est aliquâ re. רעה	ऋ *ari* 10. uti aliquâ re, impendere, adhibere.
1. tumefecit. בעה	बंह् *bah*, *bangh*, 1. crescere, augeri, *mah*. 2. multiplicare.
	बहु *bahu* multus; multum.
myriades, רבות, myrias, רבו	अर्बुद *arbuda* centum milliones.
273 ומלאו et replete	
implevit, מלא	नूल् *mûl* 1. firmiter stare, radicem esse. 2. plantare, crescere.
arab. 1. se extendit, מעה	मंह् *mah*, *mangh*, 1. crescere, augeri.
adhæsit, adjunctus est, לוה	ली *lî* 2. adhærere, inhærere.
274 את	(4)
275 המים aquas	(21)
276 בימים maris :	(1) (111)
277 והעוף avesque	(6) (5) (236)
278 ירב multiplicentur	(272)
279 בארץ: super terram.	(1) (7)

Vers. 23.

280 ויהי Et factum est	(22) (9) (24)
281 ערב vespere	(48)

282 ויהי et		(22) (9) (24)
283 בקר manè		(50)
284 יום dies		(43)
285 חמישי : quintus.		
quinque,	חמש	
Pi. quintam partem exegit,	חמש	
Pi. indicavit, nuntiavit,	חוה	ख्या *khyâ* dicere, narrare, *â* + *khyâ* indicare.
Butyrum; lac coagulatum, caseus. (cibus).	חמה , חמאה	जम् *djam* edere, etc....
4. palpare, contrectare, *trans.* removere.	מוש	मुज् *mudj*, abstergere.
(manu; *quinque* digitis).		मुच् *mutch* liberare, solvere (tributum).
prehendit, cepit, tenuit (manu).	משך	पञ्चशाख *panjchâkha*, manus.
sustulit, portavit,	עמש	मञ्च् *manjtch*, *match*, tenere.
		पञ्च् *panjtch* 4. dilatare, expandere, extendere.
1. sepsit. 2. texit.	שכך	शाख् *châkh* 2. occupare, complecti.
Ramus.	שוכה	शाखा *châkhâ* ramus.
		पञ्चन् *panjtchan* quinque (rami).

Vers. 24.

286 ויאמר Dixit quoque		(22)
287 אלהים Deus :		(3)
288 תוצא Producat		(136)
289 הארץ terra		(7)
290 נפש animam		(234)
291 חיה viventem		(235)
292 למינה in genere suo,		(128) (5)
293 בהמה jumenta,		
	בה- }	वाह *vâha* 1. equus. (*bah* crescere, augeri.)
	מה }	मह *maha* bos.

arab. 1. se extendit. 2. sonuit. מעה	मंह् *mah* (*man_gh*) 1. crescere, augeri, 4. loqui
voluit, acquievit, (obedivit). אבה	वाह् *vâh* seu *bâh* operam dare, adniti. *caus.* occupare, adhibere, uti, laborare facit.
ancilla, serva. אמה	मह् *mah* 1. colere. 2. honorare. 3. parare. 4. mactare.
fremuit, strepuit. חמה	अम् *am* 2. colere. 3. sonare.
294 ורמש et reptilia,	(6) (253)
295 וחיתו et bestias	जात (6) (235) *djâta* 1. natus. (131)
vivus, vivens, חי	ज *dja* natus, ortus (in fine comp.) (368)
296 ארץ terræ	(7)
297 למינה secundùm species suas.	(128) (5)
298 ויהי factumque est	(22) (9) (24)
299 כן׃ ita.	(80)

Vers. 25.

300 ויעש Et fecit.	(64)
301 אלהים Deus	(3)
302 את	(4)
303 חית bestias	(295)
304 הארץ terræ	(7)
305 למינה juxta species suas,	(128) (5)
306 ואת et	(6) (4)
307 הבהמה jumenta,	(5) (293)
308 למינה	(128) (5)
309 ואת et	(6) (4)
310 כל omne	(250)
311 רמש reptile	(253)
312 הארמה terræ	अधम (5) *adhama* 1. inferior, inferius. 2. vilis, abjectus.

313 למינהו in genere suo.	(128) (131)
314 וירא Et vidit	(22) (28)
315 אלהים Deus	(3)
316 כי quòd	(32)
317 טוב׃ (esset) bonum,	(33)
Vers. 26.	
318 ויאמר Et ait :	(22)
319 אלהים	(3)
320 נעשה faciamus	(64)
Nos, נ־ , אנו	नौ *nâi* nos (Dual.); *vayam Pl.*
321 אדם hominem	आद्दिम *âdima* primus (homo).
	आदि *âdi* 1. primus. 2. initium; principium. (princeps)
322 בצלמנו ad imaginem (nostram) ב	(1)
1. *Syr. chald.* pinxit, finxit, 2. Imago, simulacrum; umbra. צלם	शुल्ब् *chulb* (*chulv*) 2. metiri, creare.
	शल्भ् *chalbh* gloriari.
־נו	(320)
323 כדמותנו (et) similitudinem nostram :	
Ut, sicut, secundum כ־	च *tcha* 1. et, que.
1. *Chald.* Similis fuit (ד in ז) 2. *Pi.* Assimilavit, comparavit. דמה	सम *sama* 1. similis, æqualis.
Similitudo, imago, exemplar, forma. דמות	समता *samatâ* æqualitas. (320)
Cogitavit, meditatus est. זמם	स्यम् *syam* 3. cogitare, considerare.
324 וירדו et præsit	(22)
2. Subegit, dominatus est, רדה	रध् *radh caus.* subigere. (131)
	राध् *râdh* 1. facere, efficere.
325 בדגת piscibus ב	(1)

	multiplicavit se, auctus est, דגה	उद्-गा *ud+gâ* oriri, (*ut* sursum).
	Sufficientia, די	उद *uda*, aqua. (*tu*, 1. crescere. 6. implere)
	extulit se, crevit, גאה	गा *gâ* 2. nasci, gignere. (*tchi*)
	Syr. recessit, fugit, גהא	» » 1. ire.
	Piscis (collect. pisces) דג, דגה	» *uda* (+*ga* iens, *in fine comp.*)
326	הים maris,	(5) (111)
327	ובעוף et volatilibus	(6) (1) (236)
328	השמים cœli,	(5)
329	ובבהמה et bestiis	(6) (1) (293)
330	ובכל universæque	(8) (1) (250)
331	הארץ terræ,	(7)
332	ובכל omnique	(8) (1) (250)
333	הרמש reptili	(5) (253)
334	הרמש quod movetur	(253)
335	על in	(13)
336	הארץ terra.	(7)

Vers. 27.

337	ויברא Et creavit.	(22) (2)
338	אלהים Deus	(3)
339	את	(4)
340	האדם hominem	(5) (321)
341	בצלמו ad imaginem suam :	(1) (322) (131)
342	בצלם ad imaginem	(1) (322)
343	אלהים Dei	(3)
344	ברא creavit	(2)
345	אתו illum;	(4) (131)
346	זכר masculum	
	1. memor fuit, meminit, recordatus est. זכר	जागृ *djâgari* vigilare; actuosum esse; providere (*tchar*).

2. Mas, masculus.	शक् *chak* (*chakhari*) posse, etc., etc.
	शाक् *châkh* (*châkhari*) amplecti, etc., etc.
(זוע+כור)	.... (*dju* + *chri*)
347 ונקבה et feminam	
ו	(6)
femina, נקבה	अनुकम्पा *anukampa*, amor, misericordia.
(נקא+אבה, *nidj* + *av*, *nidja*)	कम्प् *anu* + *kamp*, misereri.
	चुम्ब् (*anu*) *tchumb*, *tchub*, etc. etc.
	चप् (*anu*) *tchap* } 1. mitigare, quietare.
(נקב, קבה, קבע)	कुम्ब् *kumbh*) } 2. consolari, blandiri.
348 ברא creavit	(2)
349 אתם: eos.	(4) (204)

Vers. 28.

350 ויברך Benedixitque	(267)
351 אתם illis	(4) (204)
352 אלהים Deus,	(3)
353 ויאמר et ait:	(22)
354 להם	(42) (204)
355 אלהים	(3)
356 פרו crescite	(271)
357 ורבו et multiplicamini,	(272)
358 ומלאו et replete	(273)
359 את	(4)
360 הארץ terram,	(7)
361 וכבשה et subjicite eam,	(6)
1. subegit, subjugavit, domuit. כבש	श्वच् *chvatch*, *chvanjtch* ire, se movere. *Caus.*
2. calcavit, pedibus subjecit.	श्वज् *chvadj*, *chvanjdj* ire, se movere. *Caus.*

(כפש'	शव् *chav* 1. ire, 2. mutare.
mitigavit, repressit, domuit, כפה	शेव् *chév=sév* 1. colere. 2. habitare (*â+chév*) 3. operam dare, 4. frui, 5. ministrare, servire, 6. adire, 8. facere, 9. exercere.
1. onus imposuit, 2. ad opus impulit, *אכף	
1. fecit, paravit, labore produxit. עשה	अञ्ज् *anjdj, adj* 1. agere. 3. ire (*îsh, as*).
2. operatus est. 3. egit	आ·अज् *â+adj* adigere.
Pi. 2: fundavit, condidit, creavit, paravit. כון *	शी *chî* (*chîng*) *caus.* ponere, deponere.
1. *Chald.* fructus protulit, אבב *	अव् *av* 1. juvare, tueri. 2. ire, adire (*iv* 3.) 4. gaudere. 5. exhilarare. (*iv* 2.) 14. adipisci. 20. comedere.
2. *Syr.* flores produxit (אב)	

362 וּרְדוּ et dominamini	(6) (324)
363 בִדְגַת piscibus	(325)
364 הַיָּם maris,	(5) (111)
365 וּבְעוֹף et volatilibus	(6) (1) (236)
366 הַשָּׁמַיִם cœli	(5)
367 וּבְכָל et universis	(8) (1) (250)
368 חַיָּה animantibus,	ज (235) *dja* natus, ortus, (in fine comp.) (295)
369 הָרֹמֶשֶׂת quæ moventur	(253)
370 עַל super	(13)
371 הָאָרֶץ׃ terram.	(7)

Vers. 29.

372 וַיֹּאמֶר Dixitque	(22)
373 אֱלֹהִים Deus :	(3)
374 הִנֵּה Ecce	
ecce, en, הִנֵּה, הֵן	
interrogativum et intensivum, הֲ	हि *hi* 2. particula interrogativa, 3. quidem, certe.

1. quæso. 2. quidem, ן, נא	नु *nu* 4. particula interrogativa.
375 נתתי dedi	
1. dedit, tradidit, נתן	दा *dâ* (*daudânj*, *dhânh*) dare.
	नि-दा *ni* + *dâ* dare.
	अनु-दा *anu* + *dâ* concedere.
376 לכם vobis	
ל	(42)
vos, ־כם, ־הם, אתם	युवाम् *yuvâm* vos (Dual.) *tvam* tu,
	वाम् *vâm* id.
377 את	(4)
378 כל omnem	(250)
379 עשב herbam	(121)
380 זרע afferentem	(122)
381 זרע semen	(122)
382 אשר	(71)
383 על super	(13)
384 פני	(14)
385 כל	(250)
386 הארץ terram,	(7)
387 ואת et	(6) (4)
388 כל universa	(250)
389 העץ ligna	(5) (124)
390 אשר quæ (habent)	(71)
391 בו in semetipsis	(1) (131)
392 פרי sementem generis sui,	(127)
393 עץ	(124)
394 זרע	(122)
395 זרע	(122)
396 לכם ut vobis	(42) (376)
397 יהיה sint	(9)

398 :לאכלה in escam :	
ל	(42)
1. edit, comedit, consumpsit; Cibus. אכל	गल् *gal* 1. comedere; 3. decidere, excidere.
Vers. 30.	
399 ולכל et cunctis	(6) (42) (250)
400 חית animantibus	(295)
401 הארץ terræ	(7)
402 ולכל omnique	(6) (42) (250)
403 עוף volucri	(236)
404 השמים cœli,	(5)
405 ולכל et universis	(6) (42) (250)
406 רומש quæ moventur	(253)
407 על in	(13)
408 הארץ terra,	(7)
409 אשר (et) in quibus (est)	(71)
410 בו	(1) (131)
411 נפש anima	(234)
412 חיה vivens,	(235) (368)
413 את	(4)
414 כל	(250)
415 ירק	
2. viror, viriditas; herba; olus. ירק	रुह् *ruh* prodire, crescere, nasci (e semine).
	ऋज् *aridj* 2. fixum esse, stare. 3. vigere, vivere. Ornare; coquere (*arindj*)
(רוה + יקע)	आहार (*âhâra*, 2. + *tchhô*) *harit* viridis, *haritakî*, nomen plantæ. (124)
416 עשב	(121)
417 לאכלה ut (habeant) ad vescendum.	(398)
418 ויהי Et factum est	(8) (9) (22)
419 :כן ita.	(80)

Vers. 31.	
420 וירא viditque	(28)
421 אלהים Deus	(3)
422 את	(4)
423 כל cuncta	(250)
424 אשר quæ	(71)
425 עשה fecerat :	(64)
426 והנה et [ecce] (erant)	(8) (374)
427 טוב bona	(33)
428 מאד valde.	महत् *mahat*, magnus ; gravis.
429 ויהי Et factum est	(22) (9) (24)
430 ערב vespere	(48)
431 ויהי et	(22) (9) (24)
432 בקר manè;	(50)
433 יום dies	(43)
434 הששי : sextus	
sex שש	षष् *ShaSh* sex.
(שלש + שלש) ש + ש	(159)
3 + 3	= 6

On trouvera les autres nombres dans la *Monographie hébréo-sanscrite.* Tout autre chapitre de l'Écriture sainte peut s'analyser comme celui-ci.

APPENDICE.

A. On aura remarqué aux n°s 10 et 11 que mon interprétation diffère de celles adoptées jusqu'à présent. Dieu ayant créé à une époque inconnue :

> Les cieux (qui) instruisent la terre
> A révérer leur auteur :

Il se trouvait dans le système céleste une nébuleuse décrite *en deux mots* par Moïse. J'abandonne aux géologues cette réflexion cosmogénique.

N°s 48, 43, 50. Révolutions du globe.

B. Au n° 50 le mot בקר n'est considéré que relativement à la signification *mane ;* en voici l'analyse pour la forme, *Piel,* dont j'ai parlé dans la notice.

בִּקֵּר quæsivit, investigavit, diligenter inspexit.

קור fodere +	בוק evacuare.
tchar 4. permeare. 9. comperire.	*vitch* 1. separare, secernere.

hiph. ראה experiri fecit. *ari* 4. 5. adire,	+	קוה expectavit, spectavit, insidiatus est. *tchi* 4. quærere.	קוה *tchi*	+	בעה *chald.* quæsivit. *vî* 2. desiderare.

ר + ק + ק + ב = בִּקֵּר

C. Au N° 118 se trouve le mot sanscrit *sphunhdd* = *thudd*. Son équivalent en hébreu devrait être un *quadrilitre* et l'on ne trouve que שבט *virga*, *sceptrum* (שפט *rexit, imperavit*) qui lui soient analogues. En voici l'analyse jusqu'à ses éléments radicaux :

sphunhdd (*sphudd*) efflorescere, germinare.

sphây crescere, augeri. + *nâddî* 1. caulis. 2. fistula.

שפע (3 2 1) *chald. syr.* affluxit, redundavit. נטע (6 5 4) planta (recens) ; plantavit.

samabhi + *ay* ire. *nava* + *ad* + *î*

1. *sam* cum, (*sa* + *amâ* cum)...............
שום ponere (שוה posuit עמה conjunctio, communitas).

2. *abhi*, ad, versus.............................
אף particula accessionem significans. אפף circumdedit.

3. *ay* ire (*â* + *î* 2. venire, advenire)............
יעה *arab.* collegit. (היה fuit)

4. *nava* novus, recens.
נאה = נוח 1. pulcher fuit, 2. pascua.

5. *add* occupare.
עטה 3. texit, operuit, vestivit.

6. *i*, *î* 2. adire. 4. obtinere, adipisci.
יעא *syr.* 1. exiit, 2. germinavit.

s + *mbh* = *ph* + *i* + *n* + *dd* + *î*
ש (1) פ (2) ע (3) = שפע נ (4) ט (5) ע (6) = נטע

Toutes les racines sémitiques et sanscrites s'analysent de la même manière jusqu'à leurs *éléments radicaux* dans la MONOGRAPHIE HÉBRÉO-SANSCRITE et L'HOMOPHONIE des langues, quoique pour plus de brièveté la disposition d'analyse ne soit pas la même.

La plus grande difficulté que l'on rencontre dans ce travail est souvent le peu de certitude de la synonymie latine adoptée par les auteurs des collections de racines. Ces racines étant tirées d'ouvrages en vers, les licences poétiques se mettent quelquefois en latin à la place du sens véritable. Je pourrais citer une série de plus de trois cents mots sanscrits, qui tous, suivant les auteurs, signifient *ire, se movere*. Cependant, à l'exception d'une vingtaine, les autres ont une nuance bien distincte soit d'intensité, soit de direction de mouvement, qui exigerait un autre synonyme latin. La signification de la plupart des éléments radicaux est précise et bien déterminée ; comme ils sont peu nombreux, il sera facile d'en donner un catalogue complet, qui deviendra d'une très-grande utilité pour l'étude des langues indo-européennes et autres.

On trouvera dans l'ouvrage cité plus haut les équivalents, *grecs, latins, français et allemands* des racines sémitico-sanscrites présentées dans cet essai.

D. Ayant jusqu'ici supprimé les points-voyelles en hébreu, je crois à-propos de donner ci-dessous le mode de transcription que je proposerais pour la langue hébraïque ; il est concordant avec ma transcription sanscrite et se trouve complet dans ma *Monographie*.

PSALMUS 116 (117).

	Vers. 1.			RACINES SANSCRITES.
הַלְלוּ	Laudate (Piel)	*halleuû*	*hllu* a e û	*il* 1. laudare, celebrare. 2. precibus colere.
אֶת		*aéth*	*ath* é	(4)
יְהוָה	Dominum (colendus,) vivens, existens.	*iehôuâh*	*ihuh* e ô â	*hu* sacrificare. *Caus.* sacrificando (Deum) colere jubeo. *y affirm.* + (*a* + *bhû*) 1. adesse. 2. vivere.
כָּל־	omnes	*koal*	*kl* oa	(250)
גּוֹיִם	gentes :	*gôuiim*	*guim* ô i	*gâ* 2. nasci, gignere (325) (αὐτόχθων, indigène, aborigène.)
שַׁבְּחוּהוּ	laudate eum	*schabedjuâhuâ,*	*schbdjuhu* a e û û	*sabhâdj* 1. colere, venerare. 2. salutare. (*sam*+*bhâdj*) 4. ostendere
כָּל־	omnes	*koal*	*kl* oa	(250)
הָאֻמִּים׃	populi.	*hâaummiim,*	*hammim* â u i	(5) *mî*, *mîm* ire; meare. (ἀλλοδαπός, étranger, qui vient d'un autre pays.)
	Vers. 2.			
כִּי	Quoniam	*kii*	*ki* i	(32)
גָבַר	confirmata est	*gâbar*	*gbr* â a	*gêv* (*gêvari*) colere, ministrare.
עָלֵינוּ	super nos	*yâléinuâ*	*ylinu* â ê	(13) (320)

				RACINES SANSCRITES.
חַסְדּוֹ	misericordia ejus	*djaSedou*	*djsdu* *a e ô*	*kshid* 2. amare, liberare. (131) *tchhad* favere, etc.
וֶאֱמֶת־	et veritas	*uéaëmméth*	*uammth* *e ë é*	*âmatya* cogitatio, sententia, consilium.
יְהוָה	Domini (manet)	*iehouâh*	*ihuh* *e ô â*	(Vers. 1. ci-dessus.)
לְעוֹלָם	in æternum,	*leyoulâm*	*lyulm* *e ô â*	(97) *hul* 2. tegere, occulere. *ubh* 1. implere.
הַלְלוּיָהּ	alleluia.	*haleluaiâh·*	*hlluih·* *a e ûâ*	(Vers. 1. ci-dessus.)
יָהּ	Dominus	*iâh·*	*ih·* *â*	contractum ex יהוה

On voit par la seconde colonne qu'après transcription on peut reproduire exactement le texte avec ou sans points-voyèlles; c'est, je crois, un avantage que l'on n'a pas rencontré jusqu'à présent dans les transcriptions hébraïques.

Le mot אמים de אמה 1. Principium, caput, fundamentum *rei*, et מעה *arab.* se extendit, désigne les premières familles qui s'éloignèrent de leur souche; c'étaient des émigrés Chaldéens, les *Celtes* de l'Asie. Les Celtes que l'on retrouve sous tant de noms divers sur tous les points de l'Europe étaient des émigrés d'Asie, qui ont introduit dans notre partie du monde la langue indienne. Leur nom vient du sanscrit, *kêl, chêl, sêl, chal, sal, chîl, tchêl, tchal, ire, se movere,* suivant les auteurs de racines; je donnerais la préférence à la dernière. Cette explication donne la raison des deux mots grecs.

E. Suivent les vingt-cinq derniers verbes et dérivés sanscrits (Lettre L. 526-550) d'un livre très-connu et qui mérite de l'être (Parallèle des langues de l'Europe et de l'Inde. Eichhoff, 1836), avec les équivalents hébreux, et une colonne de mots français ajoutés à ceux qui se trouvent déjà dans l'ouvrage. (Extrait de l'*Homophonie.*)

			ADDITIONS.
526 *lâ, las*	jouir, folâtrer.	»	lie (joyeux)
לוה 2. mutuum accepit.			*lâ* 2. *sumere, capere.* louer, louage.
עלז, עלם lætatus est.			liesse, aise, à l'aise.
527 *lush*	couper, rompre.	lâche.	
לשע *arab.* pupugit, fodit.			locher, louchet; léser.

					ADDITIONS.
528	*ladd*		jouir, folâtrer.	»	
		ילד=ולד	**proles.**		valet. (en latin *puer, famulus.*)
529	*ludd*		couvrir, cacher,	»	
		לוט	**occultare, abscondere**		latent (calorique) lut, luter.
530	*lutt*		enlever, nuire.	lèse.	
		לחד	***arab.*** **pressit, oppressit.**		lutte, lutter.
531	*lutt*		énoncer, parler.	loue.	
		לדד	***arab.*** **litigatus est.**		litige; re—later; dé—lateur.
532	*lî*		dissoudre, liquéfier	lave.	lie, délayer.
		להה	**elanguit, viribus defecit.**		*â+lî, dissolvi, tabescere.*
533	*lî*		enduire, coller.		*lî,* 2. *adhærere, inhærere.*
		לוה	**1. adhæsit.**		lier, lien, liane, lin.
534	*lay, lag*		approcher, adhérer,	loge.	
		הלאה	**2. ultra.**		lieue, laie (route dans une forêt).
		לגו	***syr.*** **intus, in medio.**		lieu.
535	*lih*		goûter, lécher,	lèche.	
		לוע	**deglutire**		liqueur.
536	*luh*		désirer, aimer,	»	
		לוא	**utinam** יאל ***hiph.*** הואיל **voluit.**		*vlî eligere.* vouloir.
537	*lich*		diminuer, délaisser,	laisse.	
		לוש	**depsere,** ליש **Leo vetus.**		lâcher; lâche.
538	*lig*		approcher, joindre, (Voyez *lag* 534.)	lie.	
539	*lagh*		mouvoir, atteindre,	lève, léger.	long; loin. *langh* 1. *transilire, transgredi.* 2. *iter emetiri.*
		דלג	**transiliit.**		

ADDITIONS.

ילך, הלך ivit, profectus est — *lakh, langkh ire, se movere.*

לאך *arab.* nuntium misit, legavit. — légat.

540 *lagh, lôk* parler, crier, »

לעג 2. balbutivit. — langue, légende, locution, loquace.

541 *laksh, lôtch* voir, paraître. luis. — *lotch = lâ + (ôdj, 3. splendere.)*

לוה+חוה *hiph. caus.* mutuum dedit. — lucide; louche; luxe. *lâ 1. dare.*

חוה vidit, aspexit. — *îksh videre, intueri, spectare; kâs lucere, splendere.*

542 *lû* couper, trancher. » — *lûnj 3. destruere.*

עלה 4. evanuit. — laniaire (dent) lanier; lanière, laine.

5. *hiph.* abstulit.

543 *labh* mouvoir, atteindre. » — 1. *obtinere, adipisci.*

אלף 1. adsuevit. — labeur.

544 *lâbh* lancer, jeter. » — 1. *mittere, incitare.*

לבב *Pi.* excitare. — levier, lever.

545 *lubh* désirer, aimer. »

לוב *arab.* sitivit, עלם *arab.* cupidus fuit. — lubie.

546 *lap* énoncer, parler, » — labial, lèvre; livre.

אלף didicit. *Pi.* docuit. — *â + lap loqui, alloqui*

547 *lip* graisser, oindre, » — lippitude, limon.

ילף, ילפת scabies saniosa vel sicca. — lèpre, livide.

548 *lép* mouvoir, courir, » — *(lêpari) ire*

איל+יעף Vis, vigor (cervus)+cucurrit. — lièvre, libre.

				ADDITIONS.
549 *lup*		couper, blesser,	»	lobe, lopin, loupe.
	לחב	2. lamina gladii		lame, lime, lambeau.
	חלם	percussit.		
550 *lal*		souhaiter, désirer.	»	1. *ludere, jocari, exhilarare.*
	לָלָא	*syr.* simplex, fatuus		
	אלל+או	ejulavit.		7. *linguam vibrare, lallare,* alalie (mutisme).
	או	desiderium		

F. J'ajoute, pour terminer, la comparaison avec le sanscrit d'une vingtaine de mots français tirés du *Dictionnaire des racines et dérivés*, par Charassin, 1842, page 9, excellent recueil, quoique l'analyse des mots paraisse assez souvent défectueuse par l'absence totale de comparaison avec les langues anciennes.

N. B. Les terminaisons des infinitifs français en *er* et *re* viennent de l'élément sanscrit *ari*; celles en *ir* de *ari* et ont la même signification qu'en indien suivant les verbes, auxquels elles se rattachent. Les Latins les premiers ont emprunté cette terminaison, qui se trouve dans un grand nombre de racines sanscrites. Les langues grecque et germaniques ont conservé l'infinitif en *n*.

abonnir,	*â* intensif.	*pan* 1. laudare, 2. comprobare.	*nari*, sequi.
aboucher,	*â* intens.	*vitchh* 3. loqui.	
aboutir,	*abhi*, ad, versus,	*av* 11. facere,	*tîr* 1. finire. 2. negotium transigere.
		14. adipisci,	*tari* 4. perficere, exequi.
accoutumer,	*achu*, cito,		
	â + *chi* (*chô*) incitare,		*dam* domare.
accommoder,	*â* intens.	*cham*, sedari, tranquillari.	*manhda* *mada* 2. ornare.
	sam cum,	*sâm*, conciliare sibi, conciliare.	
admettre,	*adhi*, ad, super,	*amâ*, cum,	*dhari* tenere, detinere.
		sam+*dhari* 1. retinere, 3. conservare.	ponere.
addition,	*adhi*, ad, super,	*ut*, sursum.	*dhâ*, 1. ponere, collocare.
			dadh 2. ponere.

afficher,	*abhi*, ad, *api*, super,	*pach* 1. ligare.	
aggraver,	*agh*, 1. malefacere, *â* intens.	*gurv*, niti, operam dare. *djurv*, ferire, occidere.	
allier,	*al* 2. sufficere, valere,	*lî* 3. obtinere, sibi adjungere.	
allonger,	*al* 2. sufficere, valere,	*langgh*, *lagh*, transilire, transgredi.	
annexer,	*anu*, post,	*nah* 2. ligare, nectere,	*utch* 3. ligare.
annoter,	*anu*, secundum, post.	*ni* deorsum, sub, de, *ni* + *dhâ* 4. deponere; servandum dare.	*dhâ* ponere, collocare.
apparaître,	*abhi*, ad, super	*varit* 1. fieri, 5. adesse. 12. lucere. *abhi* + *varit*, adire. *Intrans.* appropinquare, advenire.	
appauvrir,	*ava*, *apa*, ab, de,	*pêv* (*pêvari*) 1. servare, 2. colere. *piv*, *pinv* *trop.* dare, largiri. 3. implere.	
arranger,	*ari intens.*	*ratch* 1. ordinare, apparare, facere. *ardj* 2. perficere, facere.	
arrondir,	*ari intens.*	*râdh* 1. facere, efficere, perficere, absolvere.	
assaillir,	*â intens.*	*sêl* = *chêl* (*chêlari*) ire, vacillare. *caus.*	
attabler,	*adhi*, ad,	*tu* 5. versari,	*bal* 1. vivere; sustentare, nutrire. *val* 1. tegere, circumdare.
attendrir,	*adhi*, ad, super,	*tantr* 1. familiam sustentare, alere. *tandrâ*, lassitudo, pigritia.	
avenir,	*â intens.*	*vênh*, *vên* (*vênari*) ire.	
avilir,	*â intens.* *ava*, ab, de.	*vil*, 1. tegere, abscondere, 2. jacere, conjicere. *il*, *caus.* mittere, jacere.	

On peut comparer ainsi tous les mots français même ceux qu'on oublie d'analyser dans les dictionnaires; p. ex. :

dalle, qu'on dit celtique, *dal* 34; *avanie* *ava* + *nî* 38;
achever, *â* + *chêv*, *âchêvari* 361, etc., etc., etc.

les onomatopées qui résistent à la comparaison sont très-rares.

Tous les mots sanscrits exposés ci-dessus sont comparés à leurs équivalents hébreux dans l'*Homophonie des langues*, et ramenés à leurs *éléments radicaux*, dont le nombre ne s'élève pas à trois cents. Si un écolier au lieu d'apprendre des milliers de soi-disant racines grecques et latines, possédait bien ce petit nombre d'éléments simples, naturels et bien déterminés pour le sens, il pourrait découvrir l'origine de chaque mot, non-seulement en grec et en latin, mais dans un grand nombre d'autres langues : il n'est pas nécessaire d'étudier le sanscrit pour cela, il suffit d'en connaître les éléments.

Les langues dont je viens de parler, de même que les langues germaniques, sont beaucoup plus faciles à analyser que la langue française comme on l'écrit de nos jours, parce qu'elles se rapprochent davantage de leur source.

Je pense être sur la voie du véritable système étymologique. Au moyen d'un dictionnaire synoptique, on sera dispensé de lire des volumes entiers, comme on en trouve souvent pour l'explication de quelques mots. Règle générale : plus il faut d'explication pour arriver par différentes langues à l'étymologie d'un mot, moins elle est bonne. Il faut qu'au premier coup d'œil, les deux mots comparés soient reconnus pour *équivalents logophoniques*, logiques et phoniques ; équivalents, tant pour le sens que pour le son : sans que l'on soit obligé d'y mettre de la bonne volonté ; il faut, pour me permettre une expression triviale, que la concordance saute aux yeux, autrement l'étymologie est mauvaise, et le devient presque ordinairement par la suppression, l'addition, et la permutation arbitraire des lettres. Je dis ceci tant pour celles que l'on a données jusqu'à présent que pour celles qui me sont propres, parmi lesquelles quelques-unes pouvant paraître faibles doivent être attribuées à mon ignorance, ou à l'exiguïté de mes ressources philologiques plutôt qu'à la méthode naturelle dont je me suis servi pour les établir.

Conclusion. La langue d'Abraham et de Moïse doit être considérée comme la langue primitive aussi longtemps qu'il ne sera pas démontré que ses éléments radicaux sont tirés d'une langue plus ancienne. Les éléments radicaux des langues idéographiques sont les mêmes que ceux des langues articulées. La langue sanscrite, dont les origines sont sémitiques, est la plus propre à donner directement les racines des langues indo-européennes. La preuve de ces conclusions se trouvera dans la *Monographie hébréo-sanscrite*, et l'*Homophonie des langues*.

TABLE

DES MOTS SÉMITIQUES ET SANSCRITS, COMPARÉS DANS CET ESSAI.

MOTS SANSCRITS.

MOTS LATINS.

MOTS FRANÇAIS.

FIN.

TABLE DES MATIÈRES.

Pages.

FIN DE LA TABLE.

Paris — Imprimerie orientale de Mme Ve Dondey-Dupré, rue Saint-Louis, 46, au Marais.

Paris. — Imprimerie orientale de Mme Ve DONDEY-DUPRÉ, rue Saint-Louis, 46, au Marais.

www.ingramcontent.com/pod-product-compliance
Ingram Content Group UK Ltd.
Pitfield, Milton Keynes, MK11 3LW, UK
UKHW021146230726
13926UKWH00002B/957

9 782014 049695